LETTRES

FAMILIÈRES

SUR

Milan, Venise, Florence, etc...

ÉCRITES EN 1866

Par O. LESCURE, professeur

PARIS

Imprimerie des Orphelins-Apprentis, F. BLÉTIT

40, RUE LA FONTAINE, 40

—

1906

LETTRES FAMILIÈRES

Sur Milan, Venise, Florence, etc.

Milan, 5 septembre 1866.

Je crois, ma chère enfant, que je t'aurai mal indiqué mes étapes. Avec mon compagnon de voyage, on va toujours plus vite qu'on ne pense. Nous sommes partis de Paris vendredi soir, 31 août, et le samedi, dans la matinée, par la plus belle pluie, nous étions à Aix-les-Bains, à la gare, d'où une bonne voiture nous a conduits auprès de Mme B. C. L'excellente femme m'attendait, et nous avait fait préparer deux chambres, au même étage qu'elle. J'ai passé là une charmante journée. S., un peu fatigué du voyage, a dormi tout l'après-midi, et moi, je me suis promené en voiture, avec notre amie, dans ces ravissants environs d'Aix que je retrouvais plus beaux que jamais après quinze ans. Je pensais au vers de Lamartine :

« Quand tout change pour toi, la nature est la même. »

Tout, dans ces lieux charmants, me répétait ce même vers. Mme B. C. avait organisé un délicieux dîner de famille. Le soir, je suis allé un moment au casino avec S., puis nous sommes revenus passer le reste de la soirée dans le salon fleuri que Mme B. C. a improvisé. Le dimanche, le chemin de fer nous a conduits à Saint-Michel, et là une diligence nous a transportés à Suse, de l'autre côté des Alpes. Puis le chemin de fer nous a repris jusqu'à Turin, que nous avons visité sommairement lundi, et nous sommes repartis pour Milan, d'où je t'écris. A Aix, j'avais lu moi-même à Mme B. C. la

lettre que tu lui écrivais. Tu penses que nous avons longuement parlé de toi, et pas en mal, je t'assure. Nous avons ri de
cette coïncidence qui faisait arriver en même temps le mari
et la lettre de la femme. Ecris-moi à présent à Venise, et
avance un peu les dates que je t'ai données. N'envie pas trop
mon voyage. Tout n'y est pas rose, et il y a plus de souffrance
que de plaisir à voir mal, ou à ne pas voir du tout les choses
qu'on aime, ou à les voir regardées par d'autres d'un œil
distrait ou stupide. J'aimerais mieux repasser tranquillement
mes souvenirs d'Italie sur les bords de ma Garonne. Aujour-
d'hui je verrai le *Sposalizio* de Raphaël et les vénérables ruines
de la *Cène* de Léonard. Hier, j'ai vu le Dôme et la momie de
saint Charles Borromée. Descendu sous terre et monté sur
le toit. Du haut du Dôme, quel panorama ! Les Alpes, le
mont Blanc, le mont Rose, le Saint-Gothard, le Splugen et
ces vertes plaines de la Lombardie, les plus belles du monde
peut-être. Ah ! si tu avais été là ! Quel plaisir de voir ensemble de belles choses ! Mais je t'enverrai toujours quelques
souvenirs à vol d'oiseau. Turin est à peine une ville italienne,
avec ses rues droites et larges, ses vastes places régulières,
ses longues arcades toujours les mêmes. On dirait que
M. Haussmann a passé par là. C'est la transition entre la
France et l'Italie. Cependant la vue des Alpes qui bordent
l'horizon au nord, et la vaste plaine où elle est assise ne sont
pas sans grandeur. Son musée est pauvre à côté des autres
musées d'Italie, les plus riches du monde ; mais il a l'avan-
tage de posséder des tableaux de presque toutes les écoles,
d'être moins local que les autres, et il a des œuvres très
remarquables, une Vierge de Raphaël, qui annonce déjà la
Vierge à la chaise de Florence, et une *Mise au tombeau* de
Gaudenzio Ferrari, qui m'a paru un chef-d'œuvre de dessin
et de couleur. Gaudenzio Ferrari est peu connu en France,
mais il a laissé des merveilles dans l'Italie du Nord.

Milan a plus de caractère que Turin, mais n'est pas encore
une ville entièrement italienne. Il y a quelque chose d'espa-

gnol dans l'esprit général de la ville et des habitants ; on dit qu'elle ressemble un peu à Madrid : les femmes surtout avec leurs cheveux noirs font penser aux Espagnoles. Mais ce qui, avant tout, attire les yeux à Milan, ce sont les monuments de l'art. Le plus remarquable, sinon le plus beau, c'est le Dôme ; c'est celui qu'on visite tout d'abord, cette immense église de marbre, avec sa forêt de clochetons et de colonnes et son peuple de statues. On peut contester le goût de cette prodigalité d'ornements et faire sur l'édifice en général un grand nombre de critiques. Certains difficiles l'appellent un magnifique colifichet. Cependant l'effet général est imposant, malgré l'abus du style orné, et quoique la richesse l'emporte quelquefois sur le goût. Ce qui m'a charmé surtout, c'est une ascension que j'ai faite au sommet du Dôme. Là, on juge bien l'aspect général de l'édifice, plus beau peut-être d'en haut que d'en bas, et, en outre, on jouit de la vue la plus splendide qu'on puisse rêver. Le regard s'étend dans un rayon de huit à dix lieues sur ces vastes plaines de la Lombardie, les plus magnifiques que j'aie vues dans mes voyages. D'autres ont plus de variété, des lignes plus moelleuses, mais nulle part on ne voit une verdure plus vigoureuse, une végétation plus riche ; et tout cela parsemé de charmants villages et de hardis clochers qui dessinent leurs silhouettes blanches sur ce fond magnifique et sous un ciel d'azur. Au loin les grandes Alpes déploient leurs sommets neigeux au-dessus des nuages. Encore une fois, c'est le plus beau panorama du monde.

Après le Dôme qui s'impose par sa grandeur brillante, il faut aller visiter pieusement les admirables ruines du chef-d'œuvre de Léonard de Vinci, le *Cenacolo*. C'était le troisième pèlerinage que je faisais à cette merveille de l'art, et je l'ai trouvée, malgré son état de dégradation, plus belle et plus touchante que jamais. Je ne crois pas que la peinture soit jamais allée plus loin dans l'expression des sentiments de l'âme humaine. Le Christ de Léonard est certainement le plus sublime idéal qu'on ait représenté, et les apôtres, réunis autour du divin Maître dans ce moment solennel, offrent le plus beau drame qui se puisse concevoir. Je ne connais pas de peinture qui m'ait ému autant que cette fresque en ruines. Si j'avais été seul, je crois que j'aurais pleuré. Ah ! nous ne savons pas, nous autres Français, tout ce qu'il y avait de grand et de sublime dans l'âme de cet artiste incomparable. C'est à Milan qu'il faut venir admirer et adorer Léonard, dans ce réfectoire de Sainte-Marie des Grâces, près de ce couvent qui est aujourd'hui une caserne. On trouve à Milan quelques tableaux de chevalet du même peintre, mais aucun ne peut donner, aussi bien que cette page divine, une idée de son génie. A l'Ambroisienne, il y a de lui des dessins qui montrent sa fécondité et son travail : il y a même des caricatures très comiques et admirables : cet heureux génie était universel et parfait en tout. Tu connais ses tableaux de notre Louvre, surtout son admirable portrait de Mona Lisa. La fresque de Sainte-Marie des Grâces reste unique. Au musée de Bréra, j'ai retrouvé quelques admirables tableaux de différents maîtres, des Titien, des Véronèse, des Bernardino Luini, le meilleur élève de Léonard, et, par-dessus tout, ce charmant *Sposalizio* de Raphaël, le divin jeune homme, qui annonçait déjà en copiant son maître Pérugin, qu'il le surpasserait.

Cette visite à Bréra a été bien rapide ; mais elle m'a fait revoir des tableaux que je connaissais déjà et que je comprenais d'un regard. J'ai visité aussi avec un grand intérêt l'église Saint-Ambroise, la plus vieille de Milan, et puis une petite église bien pauvre, bien reculée, qui appartenait autrefois à un couvent de religieuses, et qui est couverte tout entière de fresques de Luini et de son école. Cet artiste, peu connu aussi en France, a un charme d'expression ravissant et une délicieuse pureté de dessin. J'ai toujours aimé Bernardino Luini.

Toutes ces visites, avec celles de l'Ambroisienne, une

riche bibliothèque, ont été l'affaire d'un jour. Le lendemain, je suis allé voir quelque chose de tout nouveau pour moi, la Chartreuse de Pavie. Figure-toi le plus admirable couvent assis au milieu de ces riantes plaines de la Lombardie, que je voyais la veille du haut du Dôme. C'est une merveille de l'art du xv⁰ siècle. L'église, toute en marbre, est du plus ravissant dessin, toute couverte de bas-reliefs qui sont de vrais tableaux, et de fresques et d'ornements du goût le plus délicieux. Beaucoup de sculpteurs et de peintres ont travaillé à ce monument de la piété du féroce Galéas Sforza. Mais le peintre que j'y ai surtout admiré, et que je ne connaissais encore qu'imparfaitement, c'est Borgognone. Il y a de lui, à la Chartreuse, des fresques et des tableaux qui sont de vrais chefs-d'œuvre. Les cloîtres du couvent, que j'ai visités après l'église, et qui y tiennent, sont aussi de la plus belle architecture ; partout une merveilleuse fécondité d'imagination réglée par le goût le plus pur. C'était la belle époque de l'art, l'époque de l'inspiration et de la réserve. Ce que le xvii⁰ siècle a ajouté à la Chartreuse de Pavie est bien inférieur au reste.

Nous étions accompagnés dans cette visite par un bon frère chartreux, français d'origine, qui aimait son ordre et surtout son beau couvent, et qui était tout fier d'en faire les honneurs à un compatriote.

Lorsque j'ai quitté, à regret, cette splendide demeure de la méditation et de la prière, j'étais déjà l'ami du bon chartreux, qui a voulu savoir mon nom, et qui m'a donné un moulage en terre, fait par lui, d'une belle tête sculptée sur la façade de l'église.

En revenant à Milan, à travers les prairies et les rizières bordées de saules et de canaux, j'étais tout plein des souvenirs de Borgognone, des frères chartreux qui chantaient l'office au chœur, du cimetière du couvent, où les tombes étaient toutes couvertes de fleurs. J'avais passé une délicieuse journée, que je n'oublierai pas.

Le lendemain, nous sommes partis pour le lac de Côme, d'abord par le chemin de fer et l'omnibus jusqu'à Como, où nous avons pris le bateau à vapeur, qui nous a conduits à travers ce lac si poétique et l'un des plus beaux de l'Italie, jusqu'à Bellagio, une station charmante, toute couverte de myrtes et de citronniers, située au point de jonction des trois bras de ce délicieux lac. Nous avons visité la villa Serbelloni, un vrai paradis terrestre, et, à deux heures du matin, trois robustes rameurs nous ont conduits dans une barque, par une nuit bien noire, au village de Lecco, à l'autre extrémité du lac. Nos rameurs, fumant nos cigares et buvant notre vin d'Asti, s'épuisaient gaiement à notre service, et nous dormions paisiblement, enveloppés dans nos manteaux, au bruit cadencé des rames. A cinq heures nous étions à Lecco et nous prenions le chemin de fer, qui nous emportait, en compagnie d'un bruyant régiment de Garibaldiens aux chemises rouges, à Berganio, une ravissante ville perchée sur une colline verte, et que je n'ai pu admirer que de loin. Bientôt il a fallu partir pour Brescia, que j'ai salué en passant, regrettant bien de ne pouvoir m'y arrêter, et nous sommes arrivés à Vérone. En passant aussi, j'avais jeté un regard de regret sur ce beau lac de Garde, que je n'ai jamais pu parcourir.

De Vérone à Venise, ç'a été toute une odyssée, que je te raconterai une autre fois.

Nous ne sommes restés que quelques heures à Vérone, juste le temps de visiter la ville rapidement ; mais j'ai été heureux de parcourir cette curieuse cité, que je n'avais fait que traverser il y a quinze ans. La vue de Vérone, du haut d'un jardin de je ne sais plus quel palais, est splendide. Notre guide me montrait les principaux édifices de la ville, ses églises, ses forts surtout qui sont nombreux et terribles, et, au loin, les petits villages de Somma Campagna et de Custozza, où les Italiens se sont héroïquement fait battre par les Autrichiens, il y a quelques mois. Un peu plus loin était

Solférino, qui rappelle la dernière victoire de notre campagne d'Italie. Quatre jours auparavant j'avais passé en chemin de fer à Magenta, ce glorieux village illustré par nos armes, encore criblé de balles et tout couvert des tombes de nos braves. Ces faits récents me faisaient oublier un peu les anciennes merveilles de la première campagne d'Italie, de celle du général Bonaparte, plus grande et plus belle que toutes les autres.

Après cette revue sommaire de Vérone et des environs, nous avons parcouru la ville en voiture et visité quelques-unes de ses curiosités, les tombeaux des Scaliger, dont un surtout est un chef-d'œuvre d'architecture et de sculpture, la place de l'Hôtel-de-Ville, avec ses vieux palais et ses admirables façades. Rien d'élégant comme ces antiques constructions qui rappellent la richesse et la splendeur de cette république. Au milieu s'élève la statue colossale de Dante, œuvre moderne, peu digne du grand poète qu'elle représente et des gracieux monuments qui l'entourent. Nous avons voulu visiter une grande église où se trouve un beau Paul Véronèse ; mais le prêtre prêchait, et nos regards curieux auraient dérangé la pieuse prédication. En revanche nous avons pu entrer dans la cathédrale, où l'on voit un admirable Titien, quelques beaux marbres et une assez riche architecture. Mais ce qui m'a surtout charmé à Vérone, c'est une vieille église en vieux style roman-lombard, bâtie, comme la cathédrale du reste, avec les débris d'un vieux temple, et qui est extrêmement curieuse à étudier. La moitié de l'édifice est convertie aujourd'hui en magasin, et la nef est remplie de sacs de blé et de farine pour l'armée autrichienne. Mais on la voit d'en haut, et l'on peut juger de l'architecture. Ce qui reste d'ailleurs est assez curieux. Au maître-autel est un magnifique Francia, ce vieux peintre de Bologne, que je pourrai mieux étudier après-demain. Sur les murs on trouve encore jusqu'à deux couches de fresques très anciennes, que le badigeon avait recouvertes et qui reparaissent peu à peu à la lumière. La façade est d'une élégance ravissante, et, à côté, se trouve un vieux cloître de la même époque, dont l'architecture est gracieuse et charmante. Nous étions accompagnés dans cette visite par un *custode,* une espèce de sacristain, qui aime son église comme mon chartreux aimait son couvent, et qui était tout ravi de voir que je m'intéressais à son cher monument. C'est lui qui a retrouvé les vieilles fresques sous le badigeon. Il a cet amour instinctif de la peinture et des arts que l'on trouve en Italie jusque chez les gens du peuple, et son naïf enthousiasme n'est pas une des choses les moins curieuses de cette église. Nous avons ensuite visité quelques vieilles portes de la ville, de grandes rues, l'Arena ou le Cirque, un monument romain, mieux conservé que nos arènes d'Arles et de Nîmes. Le soir, après cette excursion un peu fatigante sous un soleil d'Italie, nous devions repartir par le chemin de fer, et aller coucher à Vicence. Mais la voie ferrée n'allait qu'à moitié chemin, jusqu'aux lignes de l'armée italienne. Ici nous étions encore chez les Autrichiens, et Vérone est toute pavée d'habits blancs.

A San Bonifazio, il fallait prendre une voiture jusqu'à Vicence. Le cocher, qui nous avait conduits dans Vérone, nous a proposé de nous mener de Vérone à Vicence. Il demandait cinquante francs ; il a consenti pour trente, et, avec ses chevaux fatigués, qu'il devait, disait-il, changer à San Martino, nous nous sommes arrangés, hommes et bagages, dans ce *corricolo,* et nous sommes partis. La soirée était fraîche, mais magnifique ; l'air était embaumé ; de grands peupliers bordaient la route, et les Alpes se perdaient au loin dans la brume du soir. Mon jeune compagnon dormait dans son coin, et moi je songeais à tout ce que je venais de voir, à toi, que j'associais à mes plaisirs, à nos amis absents. Cependant, la nuit venue, j'ai rêvé tout de bon, et j'ai fait un *niki* (1). Je n'avais pas dormi la nuit précédente.

(1) Petit somme.

La route a été longue ; les pauvres chevaux, qu'on s'est bien gardé de changer, étaient sur les dents. Vers dix heures nous étions à Vicence. Mais là, nouvelles tribulations : pas de gîte ; tous les hôtels étaient pleins. Il a fallu coucher dans une immense chambre d'une mauvaise auberge, où était un grand lit, aussi vaste et moins beau que celui de Louis XIV à Versailles. Je me suis aventuré dans ce désert, tandis que mon compagnon s'étendait sur un canapé où on lui avait improvisé un lit. Le lendemain, à neuf heures, il fallait reprendre le chemin de fer, sans avoir pu, hélas ! visiter Vicence, cette ville bâtie par Palladio, dont je n'ai pu qu'entrevoir les palais et les gracieux campaniles.

La voie ferrée nous a conduits jusqu'à Padoue, en une heure. Il pleuvait à torrents à notre arrivée ; nous avons déjeuné fort mal à la station, et, dans un moment d'éclaircie, j'ai pu aller voir la belle chapelle de Giotto. Les fresques du vieux maître, un des plus curieux monuments de l'histoire de l'art, m'ont ravi. C'est là qu'il faut venir étudier ce grand artiste, qui a fait une révolution dans la peinture. Il a représenté sur les murs toute l'histoire de la Vierge et du Christ. C'est un admirable poème en peinture. Il y a des figures qui rappellent l'antique et qui annoncent Raphaël. Le *Jugement dernier,* qui se trouve au-dessus de la porte d'entrée, et que Giotto peignait, dit-on, à côté de Dante, est une magnifique page. Le groupe des élus, à gauche, est une œuvre de génie.

Je traverse rapidement Padoue, et nous remontons en chemin de fer jusqu'à Marano. Là il nous faut prendre un voiturin, qui nous rançonne de son mieux, et nous dépose à Mestre, au bord des lagunes de Venise. Une gondole, l'élégante gondole, nous prend, nous et nos bagages et, à travers ces poétiques lagunes, gardées encore par les Autrichiens, nous allons débarquer près du palais des Doges, à l'hôtel Danieli. Dans l'obscurité de la nuit je cherchais à me retrouver dans cette ville enchantée où je venais pour la troisième fois. Le grand canal, les palais se dressaient devant moi comme des ombres toujours debout.

Je suis heureux, ma chère enfant, que mes lettres te fassent plaisir. C'est une joie aussi pour moi de te parler de tout ce que je vois, et de le faire sans gêne, au courant de la plume, sans m'inquiéter de la tournure et de l'allure de mes phrases. Il doit y avoir des répétitions, des incorrections ; mais je me garderai bien de les éviter. Il faudrait du travail, et je ne veux te donner que mes impressions et mes sentiments. Du reste, je n'écris qu'à toi, ce qui n'est peut-être pas le mieux du monde ; mais j'ai horreur d'envoyer des exclamations et des jeux d'esprit à des gens qui ne s'intéressent pas à moi. Je réserve cela pour Paris. Pendant tout un mois je suis tout entier à l'art et à toi ; oui, belle dame, bien à toi, car je t'associe à tous mes plaisirs de voyage, et la pensée que tu goûterais ces belles choses et que tu en jouirais comme une enfant, me console plus d'une fois d'une souffrance que tu connais. Je te vois, par la pensée, à mes côtés, et j'écoute tes cris d'admiration à la vue des merveilles de l'Italie, *le pays sans pareil.* « *Connais-tu la terre où les citronniers fleurissent ?* » Ah ! relis cette admirable rêverie de Gœthe, dont je voudrais me souvenir mieux. Nous la relirons ensemble à mon retour. C'est à Venise surtout, ma chère enfant, que je t'ai regrettée, dans cette Venise que tu as si souvent rêvée. Ah ! l'enchanteresse est toujours belle malgré son deuil, et je ne sais pas même si ces voiles noirs n'ajoutent pas quelque chose à sa poésie. Il y en a qui se plaignent que Venise est triste en ce moment, qu'elle est loin de ce qu'elle était autrefois. Pour moi, je n'ai pas tant remarqué ces changements. Il n'y a pas de musique autrichienne sur la place Saint-Marc ; mais les Autrichiens, hélas ! y sont toujours ; leurs canons présentent toujours leurs gueules béantes aux Vénitiens et aux promeneurs de la Piazzetta. On dit qu'ils vont partir, que Venise va être enfin rendue à elle-même, et que cette veuve de l'Adriatique, unie de force durant soixante ans aux *Tedeschi,* va faire volontairement un mariage de raison avec le roi d'Italie. Les Vénitiens se préparent à recevoir leur nouveau souverain à la façon antique. Victor-Emmanuel arrivera le soir à Venise ; il traversera tout le canal de la Giudecca sur de grandes barques pavoisées et illuminées, et toute la ville en fête sera éclairée de torches, comme en plein jour. Depuis plus d'un mois les Vénitiens préparent cette solennité ; il n'y a pas de pauvre maison qui ne fasse sa toilette ; les drapeaux aux couleurs italiennes n'attendent que le signal pour se déployer à toutes les fenêtres, à la place de l'aigle noire d'Autriche. Il y a même eu des impatients qui ont voulu devancer l'heure des diplomates, et la police a dû intervenir.

C'était la troisième fois que je voyais ma chère Venise : sera-ce la dernière ? Souvent, dans ma gondole, j'ai fait des rêves et des calculs pour venir un jour la revoir avec toi. Le soir de mon arrivée, lorsque nos gondoliers, après avoir traversé la grande lagune qui sépare Venise de la terre ferme, nous conduisaient à la lueur des réverbères, dans ce labyrinthe de canaux, j'étais tout ému d'arriver encore dans la ville des doges. Je saluais du fond du cœur les monuments que je pouvais reconnaître, et, lorsque la gondole a débouché dans le grand canal, j'ai poussé un cri de joie. Tu aurais partagé ma joie et ma folie ; mon bonheur en eût été doublé. J'ai passé une semaine à Venise, et quelle ravissante semaine ! Le lendemain de notre arrivée, pendant que mon compagnon se dorlotait à l'hôtel, je suis allé déjeuner, *à la vénitienne,* au café Florian, sur la place Saint-Marc, sous les galeries des *Procuratie nuove.* — Je n'avais pas oublié un certain gondolier, que j'allai demander à son *traghet.* Le vieux chef du *traghet* m'a reconnu et m'a conduit auprès de mon fidèle Beppo, que j'ai enrôlé immédiatement, lui et sa gondole, pour cinq francs par jour.

La première chose à faire en arrivant à Venise, c'est de descendre en gondole le grand canal, où sont tous les palais des anciennes familles vénitiennes. « C'est la plus belle voie du monde, » dit un voyageur. A chaque pas, votre guide prononce devant ces palais magiques, aujourd'hui abandonnés, mais beaux encore de leur capricieuse architecture et de leurs souvenirs, un des grands noms de l'histoire de Venise : Giustiniani, Barbarigo, Contarini, Rezzomio, Foscari, Mocenigo, Grimani, Cornaro, Pesaro, Morosini. Ce sont autant de doges, dont les portraits brillent au palais ducal, peints par les meilleurs artistes. Et quelle brillante architecture est celle de ces palais ! C'est la fantaisie et le caprice unis au goût le plus exquis. Tous les styles sont là, depuis l'ogive du moyen âge jusqu'à l'imitation antique de la renaissance. Mais presque partout il y a quelque chose d'arabe dans cette architecture. Venise a un côté tout oriental ; c'est la réunion des splendeurs de l'Orient et de l'art de l'Occident. Je contenais avec peine mon ravissement et mon enthousiasme. Nous sommes allés ensuite voir l'église Saint-Marc et la place, qui représente un peu celle du Palais Royal de Paris, mais avec toutes les différences qu'il y a entre la prose bourgeoise et la poésie. L'histoire publique de Venise est là presque tout entière. Là s'élève, avec des matériaux venus de l'Orient, sa basilique byzantine, riche de souvenirs, de chefs-d'œuvre et de magnifiques mosaïques qui étalent leurs splendides couleurs sur un fond d'or. Sous ces voûtes on se croirait à Constantinople, si Constantinople était encore chrétienne et artiste. C'est riche, bizarre, incorrect et admirable. A côté de la basilique s'élève le palais ducal, avec son architecture élégante et capricieuse, moitié gothique, moitié arabe, ses arcades surmontées de trèfles gracieux, quelque chose d'unique au monde. Tous les grands artistes de cette ville incomparable se sont réunis pour orner les palais de ses doges, Titien, Tintoret, Véronèse y ont laissé des pages immortelles ; Sansovino, des sculptures magnifiques. Ici, c'est l'escalier des Géants, du haut duquel le doge nouvellement proclamé se montrait au peuple ; les longues galeries qui règnent dans la cour intérieure sont d'une élégance et d'une grandeur superbes. Là est l'escalier du doge et des grands, une merveille d'architecture et de sculpture. Au bout, vous entrez dans la salle du Grand Conseil, ornée des portraits de tous les doges, de tableaux de maîtres qui représentent les victoires de Venise, du *Triomphe de Venise* surtout, chef-d'œuvre de Véronèse, et de la *Gloire des Paradis,* autre chef-d'œuvre de Tintoret. Plus loin est la salle du Conseil des Dix, puis le Tribunal des trois Inquisiteurs d'Etat, puis les escaliers mystérieux, le fameux pont des Soupirs, qui conduisait les condamnés de la prison au tribunal, puis les terribles puits, où cette aristocratie soupçonneuse faisait transir et mourir ses victimes, et partout les fameuses gueules du lion, espèces de boîtes aux lettres où les espions venaient chaque jour déposer leurs terribles dénonciations, au temps de cette tyrannique république. On passe trois heures bien intéressantes dans ce palais : on y passerait trois jours. J'ai pu le voir trois fois dans ma vie. Je voudrais tant le revoir avec toi une quatrième ! Et les églises, si nombreuses, si riches et presque toujours si belles ! Que de charmantes surprises on y trouve ! Sansovino et Palladio ont élevé les plus magnifiques, et avec quel goût, quel caprice, quelle science ! Ce n'est pas toujours bien religieux, mais c'est si beau ! Venise est une charmante païenne ; elle n'a guère connu que la religion de l'art, du luxe et du plaisir. Ses grandes familles rivalisaient de magnificence pour élever des tombeaux splendides dans ces temples ; quelques-uns sont des chefs-d'œuvre d'architecture et de sculpture. Mais ce que j'admirais surtout, ce que j'allais chercher, c'étaient les admirables tableaux qui s'y trouvent encore. C'est là qu'on peut étudier les maîtres vénitiens, depuis les plus anciens jusqu'aux plus récents. Il y a des peintures naïves de la primitive école de Murano, des Vivarini, de Jean Bellini surtout, le maître que j'aime, parce qu'il a encore la naïveté des vieux âges avec la science et le goût de la Renaissance. Ses madones sont adorables. Et une chose à remarquer et qui frappe tout d'abord, c'est que ces premiers peintres ont déjà le caractère qui distingue toute l'école vénitienne, l'éclat du coloris. Venise, avec son soleil et ses goûts orientaux, a toujours eu le culte de la couleur. C'est surtout chez ses grands maîtres que ce culte éclate dans toute sa splendeur : Giorgion, Titien, Véronèse, Tintoret sont arrivés à l'expression par le coloris. On voit cela surtout lorsqu'on entre à l'Académie des beaux-arts, un magnifique musée exclusivement vénitien. On éprouve d'abord une sorte d'éblouissement devant ces œuvres pleines de lumière et de soleil ; c'est là qu'est l'*Assomption* de Titien, son chef-d'œuvre disent les Italiens. J'y souscris, pourvu qu'il soit bien entendu qu'on ne parle que du mérite de la couleur. A l'endroit de la noblesse des formes, de l'élévation, de l'expression idéale, j'ai beaucoup de réserves à faire, n'en déplaise aux artistes. Je répète ici ce que je t'ai déjà dit peut-être, et ce que je me répète souvent à moi-même dans mon voyage : il est beau de peindre la lumière et le soleil, il est beau de peindre la chair vivante, il est plus beau de peindre l'âme humaine. C'est pour cela que les peintres coloristes, comme Titien et Rubens, seront toujours, pour moi, au-dessous des peintres idéalistes comme Raphaël. Celui-là est unique, solitaire dans sa perfection. Du reste, en présence de ces magiciens de Venise, on ne songe que rarement à toute cette philosophie de l'art ; on se laisse charmer et éblouir. Et d'ailleurs, ces grands coloristes ont aussi leur expression, moins idéale sans doute que celle des peintres de l'école florentine et de l'école romaine, mais spiritualiste, mais belle encore, admirable. Il y a aussi des réalistes puissants et éblouissants, en entendant le réalisme par son côté le plus artistique. Titien est, à mes yeux, un des premiers parmi ceux-là. Il a, à l'Académie des Beaux-Arts, un autre tableau, la *Présentation au Temple,* que je place à côté de sa fameuse *Assunta.* Ce n'est guère qu'une réunion de portraits ; mais quels portraits ! quelle énergie d'expression ! quelle noblesse de forme ! et, par-dessus tout, quel enchantement de coloris !

Auprès de Titien brille Véronèse, coloriste incomparable, mais selon moi, inférieur à Titien pour l'expression et la vérité. A Venise on le retrouve partout, à l'Académie, au Palais ducal, dans les églises, et plusieurs de ces pages sont de vrais chefs-d'œuvre de coloris. Tous ces noms, nous les connaissons à Paris, quoique imparfaitement.

Mais que de maîtres, de grands maîtres, dont nous savons à peine les noms ! Cima de Conegliano et Vittore Carpacio, deux contemporains et deux rivaux de Bellini, moins tendres, moins religieux que lui, mais aussi brillants, aussi éclatants de couleur ; Bonifazio et Palma Vecchio, qui imitent Titien, quelquefois à s'y méprendre ; Pordonone, qui a un chef-d'œuvre à l'Académie, le *Saint Laurent,* Giustiniani ; Paris Bordone, dont nous ne connaissons guère que les portraits, et qui brille à l'Académie par son fameux *Anneau du doge,* une grande page tout éclatante de lumière et de soleil. Je ne parle pas de Giorgione, ce merveilleux artiste, mort si jeune d'un chagrin d'amour, et qui annonçait peut-être plus de génie que Titien. Je ne parle pas de Tintoret, qui a couvert, pour ainsi dire, tous les murs de Venise de ses immenses et innombrables toiles. Je ne parle pas enfin d'une foule de maîtres, qui pourraient faire la gloire d'une autre école, et qui ne sont ici qu'au second rang. Venise est remplie de leurs tableaux. Et les architectes qui ont élevé ces splendides et gracieux monuments ! et les sculpteurs qui les ont ornés de bas-reliefs et de statues ! La nomenclature ne finirait pas, et il faudrait des volumes pour tout décrire.

C'est au milieu de ces merveilles que je me suis promené durant une semaine. Mais ces merveilles ont un charme tout particulier dans cette ville fantastique qui les a vues naître, sous ce soleil auquel elles empruntent leur éclat. Ah ! ce soleil de Venise, ce ciel incomparable ! il faut l'avoir vu pour s'en faire une idée. — Un soir, mon compagnon fatigué

2

resta à l'hôtel ; je me jetai dans notre gondole. « *Andiamo vedere il tramontar del sole* », dis-je à mon fidèle Beppo, et il me conduisit doucement le long du canal de la Giudecca. Le soleil se couchait au loin derrière les montagnes du Tyrol, qui se dessinaient dans les feux du soir ; la lagune était étincelante et calme ; Venise, la belle Venise, avec ses palais et ses clochers, sortait de l'onde comme la Vénus antique. J'ai passé ainsi deux heures à admirer, à rêver, à penser aux absents. De temps en temps Beppo m'arrachait à ma rêverie par quelques-uns de ces mots charmants qui sonnent à l'oreille comme une musique. Je lui disais que je serais bien heureux de revoir un jour Venise *con mia moglie*. « *Ah ! signore,* me répondait le bon gondolier, *mi farebbe tanto piacere !* » J'allai me promener sur la place Saint-Marc, pas seul, hélas ! mais m'isolant autant que possible dans mes rêveries et dans mes souvenirs. — Quand il a fallu quitter ma chère Venise, j'avais le cœur bien gros ; je lui ai fait des adieux bien tendres ; je lui ai promis de ne jamais l'oublier, de parler d'elle toujours avec ceux qui m'aiment, qui l'aimeraient aussi, et qui sont capables de la goûter et de la comprendre. Pour ne me séparer que lentement de cette vieille amie, j'ai demandé à Beppo de nous conduire le plus loin possible avec sa gondole. Il a embauché trois rameurs, dont un *piccino* de onze ans, que j'ai gorgé de fruits et de douceurs, et nous sommes partis, à travers les lagunes et les canaux de la Brenta, pour Morano, où nous devions retrouver le chemin de fer. Cette course, de plus de quatre heures, malgré le soleil brûlant, a été pour moi un véritable enchantement. Nos gondoliers, copieusement abreuvés, étaient ravis. Beppo, en nous quittant, nous a baisé affectueusement les mains : le pauvre garçon avait les larmes aux yeux, et moi aussi.

Le chemin de fer nous a conduits à Rovigo, et là, une voiture à l'italienne, pittoresque et mauvaise, nous a cahotés, durant cinq heures, le long des rives du Pô, dévastées par les Autrichiens et blanchies par la poussière, jusqu'à Ferrare.

Après un mauvais dîner en compagnie de beaucoup d'officiers italiens, j'ai pu parcourir la ville, et passer devant le
palais de la maison d'Este, le palais de Lucrèce Borgia, de
sinistre mémoire, la prison du Tasse, la statue de l'Arioste,
et tous ces monuments grandioses qui donnent à Ferrare
l'aspect d'une capitale abandonnée. A Bologne enfin, qui
était pour moi une ville toute nouvelle, ce que je rêvais
surtout, c'était la *Sainte Cécile* de Raphaël, la perle du musée
bolonais et un des chefs-d'œuvre de ce maître divin, qui n'a
presque fait que des chefs-d'œuvre. Je l'ai vue, je l'ai admi-
rée, je l'ai adorée. Tu connais par la gravure ce magnifique
tableau, où sainte Cécile, entourée de quatre saints, écoute
le concert des anges et laisse tomber son luth, dans sa sublime extase. Mais la gravure ne peut donner qu'une impar-
faite idée de ce ravissement extatique, de cette noblesse
élégante, de cette couleur parfaite qui font le charme de ce
tableau. C'est l'âme que peint Raphaël, et l'âme dans ce
qu'elle a de plus beau et de plus élevé. Lui seul peut-être a
su réunir à ce degré l'expression idéale et la pureté des
formes. Il est le maître des maîtres, et pour moi, du moins,
tous les autres pâlissent à côté de lui. Cependant il en est
que j'admire profondément après lui. Les peintres de l'école
de Bologne, que je connaissais imparfaitement, m'ont ravi.
J'ai pu aujourd'hui les étudier à loisir et sans préoccupation.

Ici, comme dans la plupart des villes d'Italie, le musée
est tout local, et ce sont seulement les artistes bolonais qui
en font les frais. Il faut en excepter pourtant un ravissant
Pérugin, le maître de Raphaël, une madone adorée par des
saints, qui est certainement un de ses plus beaux tableaux.
Quel charme naïf il y a dans ce chef de l'école romaine, qui
a représenté la sainteté de l'âme d'une manière si élevée, et
qui a produit un si grand élève ! A côté de lui se trouvent,
au musée de Bologne, plusieurs admirables madones du
vieux Francia, qui est à l'école bolonaise ce que Pérugin
est à l'école romaine, et Jean Bellini à l'école de Venise. Il y

a des rapports étonnants entre ces trois maîtres, qui conservent pourtant, sous ces ressemblances, leur caractère propre. Francia, cet orfèvre devenu peintre et si vénéré de Raphaël, est un bien plus grand artiste que je ne croyais. Son dessin est d'une pureté suave, et l'expression qu'il donne à ses têtes est délicieuse. Il n'y a guère moins de huit tableaux importants de Francia au musée de Bologne, et au moins autant dans les églises. Ce sont presque tous des chefs-d'œuvre de grâce et de dessin. J'en suis ravi, et je vais désormais placer Francia à côté de Pérugin et de Bellini dans mon admiration enthousiaste. Le musée d'ici conserve plusieurs tableaux de ses prédécesseurs, de son maître Lorenzo Costa et de toute la primitive école de Bologne, qui font mieux apprécier le chemin que le grand peintre a fait faire à son art. A côté d'eux, on admire ici ce qu'on peut appeler la seconde école de Bologne, inaugurée par les Carrache et continuée par le Dominiquin, le Guide, le Guerchin, l'Albane. Tous ont à Bologne, au musée et dans les églises, une foule de vrais chefs-d'œuvre, qui donnent une idée de leur génie. L'école des Carrache fut vraiment une seconde Renaissance, qui prolongea pendant longtemps la saine tradition de l'art, déjà en décadence avant eux. Voilà encore une série d'artistes qui se sont singulièrement élevés dans mon admiration. Je n'aurais jamais cru que les Carrache, le Guide et l'Albane eussent produit des œuvres comme celles qu'on voit ici. J'ai pu visiter l'église San Petronio, un monument inachevé d'un grand artiste, Jacopo della Guercia. Rien de plus gracieux, de plus pur, de plus élégant, que les trois portes de la façade avec leurs arcs charmants et leurs bas-reliefs d'un fini et d'un dessin magnifiques. Dans une autre église j'ai vu le tombeau de saint Dominique, sculpté en 1231 (remarque la date) par le vieux Nicolas de Pise, et qui rappelle, par l'élégance et la perfection du dessin, les sarcophages antiques, qui même les surpasse, selon moi, en bien des points. C'est un des plus beaux trésors, un des premiers par la date et par le mérite, de la sculpture de la Renaissance. Que de belles choses j'ai vues en un jour ! Et je ne te parle pas d'un Neptune en bronze de Jean de Bologne, des palais de la ville, dont plusieurs sont admirables, de cet air de grandeur qu'on trouve presque partout·uni à la beauté artistique. Je ne te parle pas d'un ancien couvent qui domine Bologne, et d'où l'on jouit d'une vue comparable à celle que j'avais eue au Dôme de Milan, et peut-être plus variée. Je ne te parle pas enfin des tours des Asinelli et des Garisenda, du Campo Santo de Bologne, une ancienne chartreuse transformée en cimetière, mais en un cimetière qui est un des plus curieux et des plus beaux de l'Italie, où il y en a pourtant de si beaux. Demain, nous aurons encore une rude journée. Je veux absolument étudier à Parme cet enchanteur qu'on appelle le Corrège, et j'entraîne avec moi mon pauvre compagnon, qui se laisse faire d'assez bonne grâce. Nous nous lèverons à cinq heures ; à six heures et demie nous prendrons le chemin de fer, qui nous transportera à Parme en trois heures. Nous visiterons le musée, les trois églises où se trouvent des Corrège, et, à une heure, nous reprendrons le chemin de fer, qui nous mènera, en sept heures, à Florence, où nous retrouverons nos bagages. J'aurai vu mes Corrège ; j'emporterai des souvenirs pour ma vie et pour nos vieux jours. Quel dommage que tu ne sois pas avec moi ! Comme tu goûterais bien cette peinture gracieuse et naïve ! Nous parlerons quelquefois de mon voyage au coin du feu, cet hiver, et nous repasserons ces récits que je griffonne dans une chambre d'auberge, au bruit d'une musique qui va m'empêcher de dormir, et que les Italiens applaudissent à outrance. Je ferais comme eux si je pouvais dormir demain matin, j'irais me joindre aux enthousiastes de la rue.

J'ai exécuté mon projet, mais que d'ennuis il m'a valu ! D'abord il fallait se lever à cinq heures, ce qui est toujours pénible pour un dormeur intrépide comme moi, et ce qui n'est nullement facile avec un compagnon qui ne veut pas se déranger. Enfin nous sommes partis. Je comptais passer une partie de la journée à Parme et repartir le soir pour Florence. Mais, à cause des mouvements de troupes, le train que nous comptions prendre n'arrivait plus à Florence. Il a donc fallu entraîner nos bagages, et nous résigner à coucher à Parme. Je me suis consolé de tout en pensant à Corrège, qui m'a dédommagé en effet de bien des choses. Après un mauvais déjeuner, j'ai couru à l'église Saint-Jean, dont la coupole est ornée de fresques puissantes représentant la vision de saint Jean. On voit mal ces fresques très altérées, et placées à une hauteur incommensurable; mais on en distingue assez pour découvrir la hardiesse et la vigueur de ce peintre des grâces, qui rivalise là avec les plus grands maîtres. Les personnages ont une fierté d'allure et une franchise de pose qui étonnent dans Corrège. Et pourtant ce ne sont que des œuvres de jeunesse, par lesquelles il préludait aux admirables fresques du Dôme, encore supérieures. Là tout est d'accord et en proportion. Le monument, en style roman-lombard, est magnifique, et ces fresques triomphantes parent bien cette majestueuse coupole. Jamais on n'a mieux représenté l'Assomption de la Vierge. Malheureusement, ici encore, la hauteur démesurée du Dôme empêche de les bien voir. Il faut deviner à moitié. J'ai voulu monter au haut de cette coupole pour regarder les fresques de près ; mais la fenêtre plongeant dans le vaste abîme de l'église, sans autre appui qu'un banc de fer, me donnait le vertige. J'ai dû attendre, pour juger entièrement Corrège, d'être arrivé au Musée. Là on trouve des copies excellentes des parties principales de ces fresques par Carrache, et une très bonne collection de dessins par un intelligent admirateur du Corrège, Toschi.

On trouve surtout des tableaux uniques de ce peintre de premier ordre ; il y a une madone, connue, on ne sait pourquoi, sous le nom de Saint Jérôme, ou le *Jour*, par opposition peut-être à la fameuse *Nuit* de la galerie de Dresde, qui est un chef-d'œuvre de grâce et de coloris cha-

toyant. Nulle part, je crois, Corrège n'a mieux exprimé ce
que les Italiens appellent la *morbidezza,* « ce sourire maladif
de la douleur timide, qui sourit pour ne pas pleurer, » comme
traduit Michelet. C'est proprement un charme. On est
séduit par cette magie du pinceau, qui se retrouve, quoique
à un moindre degré, dans toutes les toiles de ce maître,
au musée de Parme, toiles capitales qui y sont, je crois,
au nombre de huit. Cependant, malgré la légitime fierté
des Parmesans, je trouve que Corrège ne se montre pas
moins grand au musée de Dresde, et les tableaux que j'y ai
admirés, l'année dernière, peuvent certainement rivaliser
avec ceux du musée de Parme. Mais ce qui est unique dans
l'œuvre de Corrège, ce qui ne se voit (assez mal, il est
vrai) qu'à Parme, ce sont les fresques puissantes de Saint-
Jean et du Dôme. Il y a aussi, dans un ancien couvent, un
petit salon d'abbesse tout orné de fresques du même maître,
et représentant les sujets les plus gracieux et les moins religieux. Cette bonne abbesse bénédictine, Giovanna de Pia-
cenza, s'était fait peindre en Diane triomphante avec une
foule de petits génies et de petits amours qui sont adorables.
Ces médaillons, remplis d'enfants comme Corrège sait les
peindre, sont tout ce qu'on peut imaginer de plus gracieux,
et, si l'on s'étonne un peu de ce paganisme dans un salon
d'abbesse (ce qui, du reste, n'était pas rare à cette époque),
on aime cette aimable païenne, femme d'esprit assurément,
pour les chefs-d'œuvre que son goût nous a valus. Parme
est rempli du Corrège, et j'en étais tout plein aussi durant la
journée que j'ai passée dans sa patrie. Cependant je veux
tout dire , dussé-je passer pour un profane et un bourgeois :
quoique j'admire profondément Corrège, qu'il me charme,
qu'il me séduise, je ne puis m'empêcher, à la réflexion, de
faire certaines réserves. D'abord on sent que Corrège va
faire dévier la peinture de la grande voie de l'idéalisme
chrétien. Ce mélancolique introducteur de la grâce antique
et de la volupté païenne, qui donne à ses têtes et à toutes

ses figures des mouvements si moelleux et si séduisants, qui nous enchante, a rompu définitivement avec la pure tradition chrétienne, et ne peut produire qu'une suite de médiocres imitateurs. Ce qui était grâce chez lui devient chez eux afféterie ; il se jouait légèrement sur le bord du précipice, ils y tombent grossièrement. On les voit fort bien à Parme ces imitateurs malheureux, dont quelques-uns ont un grand talent sans doute, les pures traditions du maître, mais non son génie de magicien. Cependant j'ai été heureux de faire connaissance avec des peintres comme le Parmigianino, Anselmi, et toute cette école qu'il a formée, et qui n'a eu qu'une durée éphémère :

Et rose, elle a vécu ce que vivent les roses.

Mais j'ai retrouvé, égaré au milieu de ces délicieux païens, Francia, mon cher Francia, bien pur, lui, bien idéaliste. Il a au musée deux tableaux admirables, deux madones, dont l'une surtout est une des plus pures et des plus suaves que la peinture ait produites. Je n'oublierai jamais cette figure angélique. Corrège et Francia ! quel attrait pour un amateur qui ne s'y connaît guère, mais qui est enthousiaste. Et quel plaisir de les trouver ainsi rapprochés, et de pouvoir étudier leur manière si différente ! Voilà ce que j'ai eu à Parme. Il n'y a que Corrège. On vous montre bien le théâtre Farnèse, une grande baraque en bois artistement construite, une bibliothèque avec force tableaux médiocres, excepté un magnifique fragment de fresque ; mais celui-là est du Corrège ; le Corrège partout. Ah ! je l'ai bien vu, cet enchanteur. Pendant que mon compagnon, rassasié de tableaux, était allé fumer dans la cour, j'ai revu les principaux, en compagnie d'un gardien qui avait autrefois guidé M. Thiers. Il savait bien son musée, et il l'aimait. Avec lui je ne me suis pas gêné pour exprimer mon admiration.

Il fallait quitter Parme au plus vite ; la pluie tombait à torrents ; la ville était triste et le gîte était détestable. On ne voyait, dans notre mauvaise auberge que des officiers traînant leur sabre et fiers comme s'ils avaient battu les Autrichiens. On me dit, au chemin de fer, qu'un train partait de Parme à minuit et demi, et arrivait à Florence à huit heures. Après le dîner, j'ai fait dormir un peu mon jeune ami, et, à minuit, je l'ai emmené, à moitié éveillé, à la station. Au moment où j'allais prendre nos billets, on me dit que, par suite d'un ordre télégraphique, ce train s'arrêtait à Bologne et qu'il fallait attendre, pour arriver à Florence, le train international qui passait à quatre heures. J'ai installé mon compagnon dans mes manteaux sur un canapé de la salle d'attente, où il a dormi assez bien, et, à quatre heures, après avoir pris les billets et fait enregistrer les bagages, je lui ai annoncé le départ. Au moment où nous nous préparions à monter en wagon, on est venu dire que le fameux train international avait deux heures de retard. Il fallait se résigner. Au lieu de deux heures c'était quatre heures. Nous ne sommes partis qu'à huit heures, et, au lieu d'arriver à Florence en sept heures selon la règle, nous en avons mis onze. Cela venait du transport des troupes, qui encombrent tous les convois, qui chantent, qui hurlent et qui n'augmentent pas les agréments du voyage. Sans ces ennuis j'aurais joui de la beauté de cette route admirable. La traversée des Apennins est vraiment magnifique.

J'aurais voulu parler longuement de mon séjour à Florence, de tout ce que j'y ai vu et admiré ; mais j'ai à peine le temps de faire une brève énumération. Deux mois suffiraient à peine pour tout étudier attentivement. Le premier jour nous sommes allés voir le Palais vieux, le monument républicain avec la belle *logia* de'Lanzi. Il y a là une statue de Michel-Ange, *le David,* qui n'est pas son chef-d'œuvre, selon moi, un beau *Persée* de Benvenuto Cellini, un beau groupe de Jean Bologne ; tout cela a un assez grand caractère. Notre seconde visite a été pour la chapelle des Médicis, un chef-d'œuvre de Michel-Ange. C'est là que sont les fameuses statues du *Pensiero,* de la *Nuit,* du *Jour,* de l'*Aurore* et du *Crépuscule*. C'est un sanctuaire où il faudrait s'enfermer bien des heures pour étudier le grand sculpteur. C'est aussi beau peut-être que son *Moïse* de Rome. L'église du Dôme et le fameux Baptistère ne demanderaient pas une étude moins attentive. Sur le Dôme s'élève la hardie coupole de Brunnelleschi, le plus fier monument peut-être de l'architecture moderne ; à côté est le Campanile de Giotto, un vrai bijou, que Charles-Quint aurait voulu, disait-il, enfermer dans un étui. Cette architecture a une grâce et une élégance sans pareilles. Le Baptistère a ses trois portes de bronze, si célèbres, l'une du vieux André de Pise et les deux autres de Ghiberti. De la dernière, Michel-Ange disait qu'elle méritait d'être la porte du Paradis. Tous les bas-reliefs en sont admirables. Ces monuments recouverts de plaques de marbre blanc et noir, comme plusieurs autres de Florence, font le plus beau et le plus singulier effet. J'ai visité ensuite, pour commencer l'étude de la peinture, le célèbre *Cenacolo,* découvert il y a quelques années et attribué à Raphaël : grande question ! Quel qu'en soit l'auteur, il est admirable et digne de ce grand nom. Dans quelques églises, j'ai pu voir une suite de fresques qui font parcourir toute l'histoire de l'art florentin depuis son origine jusqu'à sa décadence. Ici, c'est Giotto et son école, le promoteur de la renaissance en Italie. On trouve même plusieurs œuvres authentiques du vieux Cimabué, le dernier et le plus grand des peintres byzantins. Là, c'est Masaccio et Filippo Lippi, deux admirables artistes, presque inconnus ailleurs qu'à Florence, et qu'on pourrait regarder comme les vrais fondateurs de l'école florentine proprement dite. Plus loin, c'est Orcagna, le peintre de l'Enfer, une espèce de commentateur de la *Divine Comédie ;* c'est Botticelli, un suave artiste, qui a rempli Florence de chefs-d'œuvre ; c'est Ghirlandajo, ce maître de Michel-Ange, pieux encore et religieux, mais déjà hardi ; c'est surtout Fra Angelico, peintre vraiment angélique, dont je ne pouvais me détacher ; au couvent de Saint-Marc, un monument plein de ses fresques et de celles de Fra Bartolommeo, autre moine dominicain contemporain de Raphaël. Dans ce couvent j'ai visité pieusement la cellule de Savonarola, le grand agitateur chrétien de Florence au xve siècle, qui mourut martyr de ses idées sur la place du Palais Vieux. Quels maîtres ! et quelles œuvres ! Toute cette primitive école florentine a un charme et un intérêt étonnants : on en peut encore suivre l'histoire à l'Académie des Beaux-Arts, qui serait un riche musée pour toute autre ville. Ici, ce n'est, pour ainsi dire, qu'un musée d'étude et d'histoire. Le vrai musée de Florence, le plus beau et le plus riche du monde, est aux *Offices*. C'est là que se trouve cette célèbre *Tribuna,* qui renferme dans un si petit espace plus de chefs-d'œuvre que plusieurs musées d'Europe réunis. Tout le monde connaît de réputation la *Fornarina* de Raphaël, le portrait de Jules II, la *Vierge au chardonneret,* la *Vénus* de Titien, la *Vénus* de Médicis, l'*Apollino ;* il faudrait tout nommer. La sculpture antique y est représentée par cinq œuvres qui passent pour les plus belles ; la peinture par une ou plusieurs toiles capitales de chaque école et de chaque grand maître. C'est là encore un sanctuaire où l'on adore ces divins artistes qui nous enchantent, et qui font si doucement battre le cœur de ceux qui aiment le beau. Et ce n'est qu'une salle. Il y en a une foule d'autres, toutes remplies d'œuvres admirables qui seraient à la place d'honneur partout ailleurs, et qui ne sont ici qu'au second rang. Les statues antiques sont innombrables et très belles. Ce musée n'a de supérieur que celui du Vatican à Rome, le plus beau musée de sculpture qui soit au monde. Les bronzes et les statues modernes abondent aussi à Florence, et ce sont presque toujours des œuvres de choix, dont les auteurs s'appellent Michel-Ange, Ghiberti, Donatello, Lucca della Robbia, Jean Bologna.

Au palais Pitti, ce sont d'autres surprises et d'autres

chefs-d'œuvre ; c'est là qu'est la *Vierge à la Chaise,* devant laquelle je me suis prosterné intérieurement, la *Vierge à l'Impannata, au Baldaquin,* le *Saint Marc* du Frate et cent autres toiles presque aussi admirables. C'est là que nous avons visité aujourd'hui l'argenterie des Médicis, ciselée par Benvenuto Cellini. Florence n'est qu'un musée, et le plus magnifique du monde : c'est l'Athènes moderne. Auprès d'elle, les autres villes sont pauvres. Cependant j'ai fait hier un petit voyage à Sienne, qui m'a fort intéressé. Sienne, si déchue de son ancienne splendeur, conserve un caractère tout particulier parmi les villes italiennes. Ses palais sont d'une architecture pleine d'élégance et d'originalité. Son Hôtel de Ville est un des plus curieux de l'Italie. Le Dôme enfin est une merveille unique en son genre : c'est un chef-d'œuvre d'architecture et un vrai musée ; le pavé est un objet d'art et du plus grand prix ; la chaire a été sculptée par Nicolas de Pise : les boiseries du chœur sont sculptées avec un goût exquis ; l'architecture du monument est plus riche et plus élégante que celle d'aucune autre église d'Italie. A côté est ce qu'on appelle la Libreria, une espèce de sacristie couverte de magnifiques fresques de Pinturicchio, avec des dessins de Raphaël, et remplie de missels ornés des plus exquises miniatures. Le musée de Sienne et les églises renferment des œuvres nombreuses et excellentes de plusieurs maîtres siennois, qui sont peu connus au dehors, mais quelquefois aussi admirables que les peintres florentins. La primitive école de Sienne a été la contemporaine et la rivale de celle de Florence, moins pure de dessin peut-être, mais plus religieuse souvent et plus expressive. Il y a surtout un artiste siennois qui est, pour moi, l'égal des grands maîtres, et qu'on ne peut étudier que là : c'est le Sodoma. Il a rempli Sienne de ses fresques et de ses tableaux. Quelques œuvres de lui m'ont charmé, surtout une *Extase de Sainte Catherine,* un *Christ à la Colonne* et une *Descente de Croix.* Il a de suaves types de femme que lui seul a trouvés. C'est le peintre de l'extase. Quel dommage qu'il ait fallu aller si vite !

Au moment où va se terminer notre voyage j'ai reçu ta bonne lettre, qui m'a fait bien plaisir. Malgré toutes les merveilles de l'Italie, elle m'a ramené dans nos campagnes, dans dans cet air embaumé dont tu me parles, sous les arbres où tu penses à moi, où tu lis mes lettres à ma sœur, qui te rend bien la tendre affection que tu lui portes.

Je t'ai envoyé, ces jours-ci, deux énormes paquets de récits et d'impressions sur notre séjour à Venise et notre voyage à Parme. En les relisant j'étais tout honteux des négligences de mon style en déshabillé. Je n'ai pas eu le courage de lui faire plus de toilette. C'est ce que l'on aura bien compris à Port-Sainte-Marie. A Paris, il en sera de même de la part de ta bonne mère et de ton frère ; je crois bien que mes récits les intéresseront.

Nous allons dire adieu à Florence, à l'Italie. Le temps est devenu mauvais : je crains que la traversée de Livourne à Marseille ne soit orageuse et bien pénible. S'il en était autrement je trouverais ce voyage charmant. Il faut rentrer à Paris, où tu retrouveras les tiens. Nous arriverons tout pleins de nos récents souvenirs ; mon jeune ami heureux de revoir sa famille, et moi de te redire : « Ah ! si tu avais été là, quel plaisir de voir ensemble de belles choses ! »

A samedi soir, six heures, si rien ne nous arrête.

O. L.

En 1865, M. Lescure s'était trouvé en Allemagne avec le même élève, et y avait un peu étudié l'allemand. Voici ce qu'il écrivait alors : « J'ai lu *Marie Stuart* à l'aide d'une traduction ; je n'en avais pas pour *Don Carlos*. J'ai traduit de vive voix ou par écrit plusieurs ballades, quelques morceaux de Gœthe même. Hélas ! j'ai même été tenté d'en traduire

une en vers, et je confesse avoir cédé à la tentation. Tu auras
la bonté de ne pas divulguer cette faiblesse. La chose était
difficile, et je sens bien que je n'ai pas réussi à rendre cette
naïveté et cette simplicité un peu archaïque de Gœthe. Je
t'envoie ma traduction telle quelle. »

LE MÉNESTREL

« Qu'entends-je à la porte, là-bas ?
« Au pont-levis quel chant résonne ?
« Du ménestrel guidez les pas,
« Qu'il chante ici, près de mon trône. »
  Le Roi dit, et le page part.
« Entrez, dit-il, entrez, vieillard ;
   « Le Roi l'ordonne. »

« Salut à vous, nobles Seigneurs !
« Salut à vous, gentilles Dames !
« Quel paradis ! quelles splendeurs
« Des astres font pâlir les flammes !
« Mais, trêve à nos ravissements :
« Point ne faut aux vains passe-temps
   « Livrer nos âmes. »

Et le chanteur ferme les yeux,
Et ses doigts courent sur sa lyre.
Tous l'écoutaient, les hardis preux
Et les belles au doux sourire.
Le Roi, charmé du chant divin,
Lui veut offrir chaîne d'or fin,
   En noble sire.

« Chaîne d'or à moi ne sied point :
« Aux Chevaliers, donnez la chaîne,
« Qui font trembler, la lance au poing,
« Hardis, l'ennemi dans la plaine.
« Donnez la chaîne au Chancelier,
« Qui portera nouveau collier
   « Sans trop de peine. »

« Moi, je chante et je chante encor,
« Tel que l'oiseau dans le feuillage ;
« Et ma chanson, c'est mon trésor ;
« Riche je suis de mon ramage.
« Un seul présent me rend heureux :
« Dans coupe d'or, vin généreux
        « Boire en voyage. »

Il boit et dit : « Nectar divin
« Tous les soucis de mon cœur ôte,
« Heureux qui peut coupe de vin
« A l'étranger donner sans faute !
« Adieu ! pensez au ménestrel,
« Et bénissons, vous, Dieu du ciel,
        « Et moi, mon hôte. »

Le rythme est le même que celui de l'allemand ; seulement, en allemand, le dernier vers de chaque strophe est un un vers non rimé, ce qui ne se peut faire en français, et augmente la difficulté de la traduction. Je te donne cette bluette pour ce qu'elle vaut, sans y attacher aucune importance. A quels excès peut conduire un séjour en Allemagne !

Petite pièce de vers trouvée dans les papiers de M. Lescure

(A une enfant)

J'aime ton âge et ta gaîté si vive,
Et ton sourire et ton front radieux,
Tes yeux si purs, et ta voix si naïve.
Ton âme, enfant, est l'image des cieux !

Aime et souris ! ce sont tes plus doux charmes !
Oh ! par des pleurs ne va pas les ternir !
Aime et souris ! enfant ! garde tes larmes
Pour les douleurs que contient l'avenir !

L'arbre est touffu ; couvre-toi de son ombre,
Respire encor le doux parfum des fleurs !
Si tu savais combien la vie est sombre,
Combien le cœur peut contenir de pleurs !

La vie, enfant, c'est une nuit étrange !
De cette nuit, ton âge est le sommeil,
Un doux sommeil abrité par un ange.
Tu ne sais pas ce qui suit le réveil !

Dors, rêve en paix ! Sur ta couche fleurie,
Ta mère, enfant, veillera désormais.
Comme elle t'aime ! et puis comme elle prie !
Oh ! cet amour ne nous trompe jamais !

Douce est la fleur qui brille au sanctuaire,
Doux est l'encens qui remplit le saint lieu ;
Plus doux, enfant, est l'amour de ta mère ;
Tous ses baisers sont des regards de Dieu.

Après la guerre, M. Lescure se décida à s'installer à Bordeaux, non loin de sa famille, et réunit des élèves, qui travaillaient sous sa direction entre les classes du Lycée. Pénétré d'un sentiment de haute moralité, et avec un fond sincère de religion, il formait le projet de commencer des conférences pour les mères de famille. Leur assentiment lui était acquis, lorsqu'une maladie vint l'enlever à ses travaux, à l'affection des siens, de ses élèves et de ses amis.

Voici ce qu'il avait écrit à ce sujet :

Utilité de ces conférences.

Une mère de famille doit pouvoir suivre jusqu'au bout l'éducation de ses enfants. Et quel plaisir n'est-ce pas pour elle ? Sa fille ! oh ! elle la garde auprès d'elle, elle veille sur ses moindres pas, jusqu'au moment où elle la remet, naïve et pure, entre les mains de son fiancé. Mais son fils ! cet être si cher, qui sera le soutien de son nom et le défenseur de la patrie, ce fils lui échappe presque, dès qu'il est confié aux soins de ses maîtres ; il lui échappe tout à fait dès qu'il aborde les hautes études.

Sans doute la mère le guide dans le monde ; elle facilite ses succès ; elle veille à sa moralité, ce qui est beaucoup ; mais son intelligence, mais sa raison, mais son amour de la science, qu'est-ce que tout cela devient ? La mère et le jeune homme vivent, pour ainsi dire, dans deux mondes différents. La religion même, ce noble sentiment, le plus beau, le plus sublime et le plus saint que Dieu ait donné à l'âme humaine, ne leur est plus commun. L'enfant reste fidèle à la religion de sa mère ; mais après sa première communion, la foi naïve est remplacée par la foi raisonnée, comme l'innocence fait place à la vertu.

Pauvre mère, c'est à peine si vous pouvez suivre et comprendre le travail mystérieux qui se fait alors dans l'esprit de votre enfant. Vos études sont insuffisantes pour le guider dans ces sentiers obscurs, dans ces voies ténébreuses où cette âme s'engage. Un jour viendra peut-être où le pauvre enfant, après bien des réflexions incertaines, bien des luttes pénibles, ne sachant plus comment se conduire dans cette forêt sombre et funeste, flottant et vacillant entre la raison et la foi, s'endormira dans le scepticisme, « cet oreiller commode, » dit notre aimable Montaigne ; — « couche terrible, » dirais-je, que je comparerais plutôt au lit de Procuste ou à la tunique de Nessus. Un jour le jeune homme, brisé par ses souffrances intellectuelles et morales, vient épancher son cœur saignant dans le sein de sa pauvre mère. Ils ne se comprennent plus qu'à demi ; l'une dit : « croire, espérer et bénir ; » l'autre dit : « douter, désespérer et maudire. » Satan, ce hideux Satan de Gœthe, étend entre eux deux ses sombres ailes. Pauvre mère, vous avez toujours son cœur, il vous suit peut-être au temple ou sous les sombres voûtes de la cathédrale sainte ; il pratique en apparence vos pieuses pratiques ; mais le doute le ronge, le doute est au fond de son cœur. Sa sensibilité, son affection, toute sa tendresse sont avec vous, mais Faust a saisi toute son âme ; sa raison est ailleurs. La science, la fausse science s'en est emparée ; il erre et souvent il pleure dans les ténèbres. Terrible voyage ! affreux déchirements ! Et croyez-vous que j'assombrise le tableau ? Non, non, tout cela est fréquent, surtout à notre époque. Voulez-vous avoir une idée de ce que l'âme peut devenir sous l'influence énervante de ces pensées ? Voulez-vous savoir ce que pense, ce que sent, ce qu'exprime le plus bel enfant déchu de notre siècle de fer ? Ecoutez ces accents sublimes et déchirants du poète qui a peut-être le mieux représenté notre temps. (Citations d'Alfred de Musset).

> « Vois-tu, vieil Arouet, cet homme plein de vie
> « Sera couché demain dans un étroit tombeau. »

Pauvre mère ! voilà votre fils. Plaise à Dieu qu'il ne meure pas comme ce Faust moderne, à quarante-sept ans, épuisé de passions irritantes et tué par son génie.

Et vous, jeune fille, qui vous préparez à la sainte union du mariage, vous adorez votre fiancé, qui vous le rend avec usure ; mais les premières tendresses une fois passées, les premières amours disparues, quand le devoir se présente avec sa face auguste et austère, votre mari s'engage dans un monde intellectuel et moral tout différent du vôtre. Ah ! étudiez, apprenez, instruisez-vous, dirai-je avec Bossuet, arbitres du monde ! Heureuses si, après bien des travaux, vous parvenez à être et à rester toujours de bonnes mères de famille.

Vous nous confiez vos enfants pour leur ouvrir l'accès des hautes connaissances, pour les guider dans ce labyrinthe inextricable du savoir et de la vie, où l'âme du jeune homme erre trop souvent à l'aventure. Au bout de quelques années, nous vous les rendons hommes faits. Nous les suivons des yeux aussi loin que nous le pouvons ; mais les passions s'emparent d'eux, et le vieux maître, *le père,* comme ils nous appellent dans leur langage à la fois rieur et touchant, le vieux guide est délaissé, sinon oublié. Vous seule, ô mère ! pouvez le sauver des grands naufrages et des écueils, au milieu des tempêtes où il est ballotté sur la mer houleuse de la vie. Mais comment le pourrez-vous ? En étudiant avec lui ce qui occupe son esprit, en vous tenant toujours à la hauteur de ses pensées et de ses travaux. Mais quoi ! faut-il donc que la femme apprenne les mêmes choses que l'homme ! — Pourquoi pas ? « Je consens qu'une femme ait des clartés de tout, » a dit le grand ennemi des femmes savantes. Certes, le programme est beau ; il est complet. Mais, doit-elle donc apprendre les langues savantes ? Elles apprennent bien les langues modernes, souvent aussi ardues, et même plus : la langue allemande est aussi difficile et beaucoup moins belle que la langue grecque et la langue latine. Croyez-vous donc que la science vraie ait un air tellement rébarbatif qu'elle soit un épouvantail ? Non, la science est aimable ; elle n'effraie que les oisifs. Je sais bien que l'étude profonde, la recherche

sérieuse et acharnée de certaines vérités offre bien des amer-
tumes, et nous voyons les désespoirs des savants en même
temps que ceux des poètes. Mais, quelle différence dans la
cause de ces désespoirs ! Les uns s'affligent de ne pouvoir
atteindre à ce pôle du monde intelligible qu'ils ont entrevu,
où réside le secret des lois de Dieu ; les autres se laissent entraîner par le sentiment et par la passion. Quelle joie élevée
et sereine éprouve le savant lorsque Dieu lui découvre ses
secrets ! Newton est aussi heureux d'avoir découvert la loi de
la gravitation que Shakspeare d'avoir fait *Hamlet*.

Il ne s'agit point pour les femmes de ces austères recher-
ches ; nous gardons pour nous le côté pénible de la science ;
nous vous en apportons les résultats, arrangés de la manière la plus simple et la plus agréable. Je ne veux pas tout
vous dire dès maintenant, ni vous effrayer d'avance. Vous
seriez bien étonnées, je crois, si je vous annonçais, pour une
de mes leçons, une étude sur l'Egypte avec force renseigne-
ments sur les hiéroglyphes, une étude sur l'assyrien et
autres langues aussi poétiques. Mais avant d'arriver en
Asie, nous avons du chemin à faire, et nous aurons soin de
prendre la petite vitesse. Je tâcherai de faire pour vous ce
que font ces aimables maîtres dont parle un poète latin, de
mes amis, lesquels, dit-il, donnent des gâteaux aux petits
enfants pour qu'ils consentent à apprendre leurs lettres.
(Horace, Sat. I.) J'imiterai encore nos médecins d'aujour-
d'hui, qui ne nous donnent que des remèdes à l'eau de
rose : en vous parlant des grands résultats de la science
moderne, je tâcherai de concilier la gravité que le sujet com-
porte avec toute la facilité et la légèreté dont je serai capable,
de vous la faire apparaître sous des dehors gais et souriants.
Si le remède est parfois un peu amer, j'y ajouterai une plus
forte proportion d'eau de rose. Mais je ne craindrai pas d'a-
border, à l'occasion, les questions les plus hautes : le brillant
auditoire qui daigne m'écouter est digne de tout connaître,
et capable de tout comprendre.

1660-06. — Imprimerie des Orphelins-Apprentis, F. BLETIT, 40, rue La Fontaine, Paris.